AF554378

UN MINIMUM

DE

CONSTITUTION

PAR

LE MARQUIS DE NOAILLES

BAYONNE

IMPRIMERIE DE VEUVE LAMAIGNÈRE, RUE CHEGARAY, 39

1871

Les quelques pages qui suivent [illegible] données [illegible] public [illegible] du [illegible] [illegible] Mais le devoir d'un candidat est [illegible] connaître [illegible] ce qu'il pense des questions [illegible] en un mot, d'écouter [illegible] autant il est peu digne d'un [illegible] les surprendre.

[illegible] naturellement [illegible] de ceux [illegible] leur voix. C'est dans [illegible] [illegible] [illegible] [illegible] compte [illegible] [illegible] [illegible]

Les quelques pages qui suivent n'étaient pas destinées à être publiées, actuellement du moins. Je me réservais de les revoir et de les compléter. Mais le devoir d'un candidat est, selon moi, de se faire connaître le mieux qu'il peut des électeurs. Autant il est honorable, en effet, d'obtenir les suffrages de ses concitoyens, autant il est peu digne d'un honnête homme de chercher à les surprendre.

Je voudrais, pour ma part, être parfaitement connu de ceux qui daigneront m'honorer de leur vote. C'est dans cette vue que je me suis décidé à livrer à l'impression le présent travail. On voudra bien, j'espère, ne pas y voir un programme complet dont chaque détail serait définitivement arrêté dans mon esprit. Ce n'est, à vrai dire, qu'une étude politique, nullement conçue en vue des élections.

E. N.

UN MINIMUM DE CONSTITUTION

C'est un peu la mode aujourd'hui de regarder une Constitution comme un luxe inutile. Une Assemblée nommée à la hâte, sans mandat défini, et qui durera ce qu'elle pourra durer, un pouvoir exécutif choisi par cette Assemblée, pouvoir responsable, mais en même temps inamovible, tant qu'existera du moins l'Assemblée, telles sont les institutions élémentaires, mais peu logiques, on l'avouera, qui suivant certains esprits doivent suffire à nous régénérer. Les enseignements les plus positifs de ce qu'on appelle la science politique, les écrits et les travaux des auteurs les plus justement estimés, l'exemple des autres peuples, l'expérience de l'histoire et ce que notre propre passé semblait avoir péremptoirement démontré, tout cela est nul et non avenu et bon pour des pédants. D'institutions politiques, il n'en est plus besoin : le peuple vote plus ou moins au hasard et sur la recommandation que lui font les gens avisés de ne point se préoccuper de politique, mais de songer au pays qu'il faut régénérer; les représentants une fois élus déterminent eux-mêmes le mandat que leur ont donné leurs commettants, comme ils détermineront l'heure et l'année où le peuple sera de nouveau consulté; et puis on vit au jour le jour, en attendant l'occasion. N'avons-nous pas également entendu dire pendant la guerre qu'il fallait laisser là la routine militaire et que les citoyens soulevés suffiraient à refouler l'ennemi. D'ailleurs, si dans un temps aussi difficile des institutions aussi vagues doivent suffire, qu'aurons-nous besoin plus tard, quand les difficultés seront vaincues, d'une Constitution mieux assise ?

Je n'essaierai pas de remonter le courant de l'opinion. Je ne demande pas précisément qu'on nous dote d'une Constitution nouvelle, péniblement élaborée; je voudrais seulement que deux ou trois points fondamentaux fussent définitivement admis.

I

Toute la philosophie d'une Constitution réside dans les rapports de gouvernés à gouvernants. Ces rapports ne peuvent s'établir que par l'électivité des pouvoirs de l'Etat. En effet, si le pouvoir est héréditaire ou préétabli, les rapports entre gouvernés et gouvernants sont ceux de maître à sujet. Ils consistent pour les sujets dans l'obligation d'obéir, pour le pouvoir ou prince dans le droit de commander. Mais l'électivité du pouvoir n'est que le principe de la liberté et ne suffit pas à en assurer l'exercice. Pour que la liberté soit autre chose qu'une apparence, il faut encore deux conditions : la première, que les rapports de gouvernés à gouvernants soient maintenus dans un état de continuité, et cette continuité ne peut s'obtenir que par des réélections successives — c'est l'électivité périodique ; la seconde, que le pouvoir gouvernemental ou souverain soit fractionné. C'est, en effet, une règle fondamentale de la science politique que l'unité du pouvoir, quelle qu'en soit d'ailleurs l'origine, engendre fatalement le despotisme. La liberté est donc le résultat d'une double cause, qui tient d'une part au mode de création du pouvoir, de l'autre à la non-unité ou pluralité des pouvoirs gouvernants.

En France, on est malheureusement tombé trop souvent dans la fatale erreur de croire qu'il suffisait pour assurer la liberté du peuple que le pouvoir ait une origine populaire. Cette erreur provient du grossier sophisme qui consiste à confondre les représentés avec les représentants, le peuple avec l'élu du peuple. Qu'il s'agisse d'un prince ou d'une Assemblée, l'erreur est la même. Organes du peuple, leur volonté, dit-on, est la volonté du peuple : on infère faussement de là que le peuple n'a pas besoin de garanties contre sa propre volonté, et qu'il est libre, étant gouverné par lui-même ou par un autre lui-même. Une semblable théorie mène fatalement à la Convention ou au Césarisme, et si le peuple a été libre, en effet, il ne l'a été qu'un seul jour, celui où il a nommé ses tyrans.

Ne voulant pas m'attarder à des considérations théoriques, j'arriverai tout de suite à l'application. Trois types de Constitution méritent notre attention spéciale : celle des Etats-Unis d'Amérique, celle de la Suisse et celle de l'Angleterre.

En Amérique comme en Suisse, tous les pouvoirs sont fondés sur l'électivité. Le principe d'autorité est la souveraineté du peuple. Il y a pluralité de pouvoirs : en Suisse, le Conseil fédéral, le Conseil national et le Conseil des Etats ; en Amérique, le Président, le Sénat et la Chambre des représentants, auxquels il convient d'ajouter le pouvoir judiciaire, qui peut annuler les effets de toute décision prise par les autres pouvoirs, si cette décision est jugée contraire à la Constitution. Il est inutile d'ajouter qu'en Amérique comme en Suisse, l'électivité du pouvoir exécutif est périodique comme celle du pouvoir législatif, car tout pouvoir élu qui n'est pas soumis à la réélection cesse d'être en rapport avec le peuple et retombe dans les conditions du pouvoir préétabli ou héréditaire

En Angleterre, sur les trois pouvoirs existants, Couronne, Chambre des lords, Chambre des communes, il n'y en a qu'un seul, la Chambre des communes, qui soit électif. Les deux autres sont autogènes et se perpétuent eux-mêmes par la loi d'hérédité.

Nous trouvons donc partout trois pouvoirs : le Pouvoir exécutif et deux Assemblées se partageant le pouvoir législatif. On devrait y ajouter un quatrième pouvoir, généralement omis dans les classifications politiques, quoiqu'il soit le plus puissant de tous, c'est le corps électoral. Il peut seul déléguer et contrôler souverainement, c'est-à-dire qu'il crée et qu'il détruit.

Dans toute Constitution pleinement libre, il y a donc, disons-nous, quatre pouvoirs : le corps électoral qu'il convient d'énumérer le premier, car il est la puissance créatrice, donne la vie ou la retire à son gré, est au-dessus de tout contrôle et n'est responsable qu'envers lui-même. Il se gouverne par la loi du dénombrement ou loi de majorité. Viennent ensuite deux Assemblées qui se contrôlent mutuellement, puis un Pouvoir exécutif appelé Président aux Etats-Unis, Conseil fédéral en Suisse, Roi ou Reine en Angleterre. Les deux Assemblées exercent, soit conjointement avec le Pouvoir exécutif, soit en dehors de lui, la puissance législative, comme de son côté l'exécutif partage son pouvoir avec les deux Assemblées, ou le retient tout entier pour lui seul. Mais, quoi qu'il en soit, c'est toujours de l'accord des différents pouvoirs que résulte ce droit suprême et multiple que l'on nomme souveraineté politique, c'est-à-dire le droit de gouverner, celui de commander et celui de faire des lois.

Le point fondamental de toute Constitution, si l'on veut établir et maintenir la liberté, c'est d'empêcher, tout en leur laissant les moyens d'action nécessaires, que les pouvoirs créés ne s'émancipent du pouvoir créateur, ou corps électoral, et ne parviennent à le dominer d'abord, puis à l'opprimer. On atteint ce but par un double moyen : l'un est la prévoyance que mettent les institutions à fractionner le pouvoir souverain et à faire que les différents pouvoirs établis se contrôlent constamment l'un par l'autre, se tiennent mutuellement en échec et préviennent ainsi les empiètements et les usurpations ; l'autre consiste dans des réélections périodiques.

En Amérique, comme en Angleterre et partout où il y a deux Chambres, les deux branches du pouvoir législatif se contrôlent mutuellement. Mais, en Amérique, le pouvoir exécutif est indépendant des deux Chambres, tandis qu'en Angleterre il est, de fait, sous leur contrôle. Le Président des Etats-Unis, en effet, peut avoir sa politique à lui dont il n'a point à rendre compte. Il est soumis cependant à une certaine surveillance : il ne peut faire la guerre sans l'assentiment du Congrès ; les traités de paix doivent être ratifiés par le Sénat ; sont également soumises à la validation du Sénat, les nominations dans le corps diplomatique et celles d'un certain nombre de fonctionnaires. Le Président enfin, par l'*impeachment act*, peut être décrété d'accusation. Mais si le pouvoir législatif, en Amérique, n'a pas sur l'exécutif cette action prépondérante qu'il exerce en Angleterre, il jouit lui-même en revanche d'une plus grande indépendance législative et n'a pas à subir cette pression qu'exerce trop souvent l'exécutif pour obtenir les lois qu'il désire. Le Pouvoir exécutif, dans la Constitution américaine, n'a d'autre influence sur la création des lois que celle que lui donne le *veto* suspensif. Son indépendance d'ailleurs n'offre pas les dangers qu'elle pourrait présenter dans d'autres pays. Les usurpations et les coups d'Etat ne sont pas à redouter aux Etats-Unis. Le fédéralisme les rend à peu près impossibles, chacun des Etats qui forment l'Union ayant par lui-même une organisation complète. S'il prenait fantaisie au Président d'essayer un dix-huit Brumaire ou un deux Décembre, de faire balayer le Congrès et de se proclamer empereur, il ne pourrait être empereur que du petit Etat de Washington et devrait conquérir un à un chacun des autres Etats.

La Constitution américaine a donc mis une grande sagesse dans la manière dont elle a réparti son rôle à chacun des grands pouvoirs publics. Elle s'est inspirée des principes de Montesquieu sur la séparation des pouvoirs, sans cependant isoler complètement les pouvoirs; elle a créé entre eux des points de contact nécessaires, tout en laissant subsister un antagonisme suffisant. Car, on ne saurait trop le répéter, si grande est pour l'homme la tentation d'abuser du pouvoir, dès qu'il le possède, que la meilleure sauvegarde contre le despotisme est de mettre les pouvoirs dans un état de rivalité qui les oblige à se tenir mutuellement en échec. Mais c'est surtout dans la fréquence des réélections que résident en Amérique les garanties du corps électoral. Le Sénat, ce corps permanent, gardien de la tradition politique, représentant de la continuité nationale et qui forme l'élément stable dans la Constitution américaine, est renouvelé par tiers tous les deux ans; c'est tous les deux ans aussi qu'est renouvelée la Chambre des représentants, et elle l'est intégralement. Quant au Pouvoir exécutif, il est soumis tous les quatre ans à la réélection, et le même Président ne peut être réélu plus d'une fois. On voit combien est fréquente aux Etats-Unis l'intervention de la puissance populaire dans le gouvernement et combien le corps électoral a de garanties contre le pouvoir qu'il établit.

En Angleterre, où la liberté est pourtant si grande, on ne trouve pas en faveur du corps électoral des garanties aussi multipliées. C'est que la liberté y dépend bien plus de l'esprit libéral qui anime les classes dirigeantes de la nation que des stipulations de la loi. Le pouvoir exécutif, patrimoine de la famille royale, est héréditaire; la Chambre des lords, qui partage avec la Chambre des communes le pouvoir législatif, l'est également, et ce n'est que tous les sept ans que le corps électoral est convoqué pour élire ses représentants.

Toute la liberté de l'Angleterre repose sur la responsabilité ministérielle. Tandis que les Américains se contentent de nommer eux-mêmes le pouvoir exécutif, mais pour une période limitée, lui laissant d'ailleurs, une fois nommé, la plus grande indépendance, les Anglais, au contraire, le tiennent sous la dépendance constante et complète de leurs représentants. La Chambre des communes réunit ainsi entre ses mains le pouvoir législatif et le pouvoir exécutif. Elle est, pour ainsi dire, toute-puissante. La sagesse constante de ses membres, ce qu'on peut appeler *le milieu* politique de l'Angleterre, la grande autorité dont a joui jusqu'ici la Chambre des lords et l'emploi judicieux qu'elle en a su faire, l'inébranlable attachement des Anglais pour leur dynastie et les qualités qui méritent à cette dynastie un tel attachement, ont suffisamment garanti le pays contre les abus que la Chambre des communes aurait pu être tentée de faire de sa puissance. Il y a, en effet, un proverbe anglais qui dit que la Chambre des communes peut tout, sauf de changer une femme en homme ; ce proverbe est vrai, mais à la condition de signifier que la Chambre des communes ne pourrait changer la liberté en despotisme. On se briserait contre elle si l'on voulait attenter aux droits de la nation ; mais elle-même ne pourrait rien contre l'esprit traditionnel, l'opinion publique et les vieilles institutions de l'Angleterre. En revanche, elle peut tout dans la voie du progrès ; elle est toute-puissante pour élargir, elle est impuissante pour restreindre.

La responsabilité ministérielle que nous avons eue en France pendant deux périodes successives n'a pas eu d'aussi heureux résultats pour nous que pour nos voisins. Cela tient, sans doute, à ce que nos ministres, comme aussi la majorité qui les soutenait, avaient pris l'habitude, dès qu'ils étaient au pouvoir, de se constituer bien plus les hommes de la Couronne que les hommes du pays. S'ils craignaient que la majorité ne fût plus avec eux, ils changeaient aussitôt la loi électorale. Ils traitaient de passion coupable l'ambition légitime du parti qui tendait à les remplacer, et leurs émules de révolutionnaires. Ils identifiaient le trône à leur cause. Aussi ont-ils plus d'une fois entraîné le trône dans leur chute.

La responsabilité ministérielle a pour corollaire indispensable un droit inconnu aux Etats-Unis, car il ne saurait trouver sa place dans les institutions américaines, c'est le droit de dissolution. Ce droit, dont nous aurons souvent à parler, est une arme à deux tranchants : il protége le pouvoir exécutif, qui sans lui pourrait se voir annulé par les Chambres et mis hors d'état de fonctionner ; il protége aussi le corps électoral contre les usurpations et les erreurs de ses représentants.

Telles sont les institutions fondamentales de ces deux grands pays libres qu'on nomme l'Angleterre et l'Amérique. Dans l'un comme dans l'autre, c'est la nation qui se dirige et se gouverne elle-même, mais par des moyens et sous des noms divers. La différence gît surtout dans la nature du pouvoir exécutif. Héréditaire en Angleterre, absolument indépendant par conséquent du corps électoral, il y est neutralisé par les représentants des électeurs ; électif aux Etats-Unis, il n'est pas soumis au contrôle. Ici, sa responsabilité est continue ; là, elle n'est que périodique. Mais si le Pouvoir exécutif est moins strictement contrôlé, le corps électoral, en Amérique, fonctionne beaucoup plus activement qu'en Angleterre ; il influe par conséquent davantage sur la marche des affaires, et l'on peut dire que le peuple américain se gouverne lui-même plus encore que ne le fait le peuple anglais. Mais, on ne saurait trop le répéter, c'est l'esprit politique et conciliant de l'aristocratie et des classes dirigeantes en Angleterre, le soin qu'elles mettent à satisfaire et souvent à devancer l'opinion publique, leur prévoyance, leur équité, leur amour du progrès qui, plus que les institutions, assurent aux Anglais la liberté. C'est donc surtout son esprit libéral que nous devrions emprunter à l'Angleterre ; prenons des Américains leurs institutions démocratiques.

La Constitution de la Suisse peut s'analyser rapidement. Le pouvoir législatif y est partagé entre deux Assemblées : le Conseil national et le Conseil des Etats. Le Pouvoir exécutif, nommé Conseil fédéral et composé de sept membres, est élu par les deux Chambres réunies et reste en fonction tout le temps de la législature. Des réélections générales ont lieu tous les trois ans.

II

Un pays doit être nécessairement régi ou par la tradition ou par une Constitution écrite. L'Angleterre n'a pas de Constitution proprement dite; elle y supplée par une jurisprudence politique dont l'esprit se transmet de génération en génération. En France, toute tradition est rompue depuis longtemps, et nous sommes actuellement sans Constitution. C'est là un état précaire qui ne saurait durer sans amener de nouveaux et graves dangers. Il va falloir se décider, et le plus tôt sera le mieux.

Entre les Constitutions que nous venons d'examiner sommairement, c'est vers le système anglais que pencherait naturellement une notable fraction du parti conservateur. A cette tendance on pourrait opposer l'insuccès des épreuves précédemment tentées, la différence profonde entre l'état des deux pays et l'absence de ce qu'on pourrait appeler le matériel gouvernemental des Anglais, c'est-à-dire les éléments mêmes de leurs institutions. Ces objections n'ont-elles aucune valeur?

Le régime de la Restauration et celui de Louis-Philippe ont également abouti à une révolution. Ni l'un ni l'autre n'a réussi à prendre racine dans le pays. Il faut bien admettre qu'il y a eu à cela certaines causes, et que ces causes, que rien n'autorise à croire disparues, amèneront les mêmes effets. La France, il est vrai, n'est pas ce qu'elle était il y a trente ou quarante ans. De profonds changements se sont introduits dans le pays. Mais que sont ces changements? La démocratie a tout envahi; le suffrage universel est devenu le seul point immuable de nos institutions. Or, ces changements rendent-ils plus aisée la tâche d'une monarchie constitutionnelle? Le prince de Polignac eût-il trouvé dans la démocratie le point d'appui qui lui a manqué, et faut-il croire que le suffrage universel eût affermi le trône de Louis-Philippe, qui n'a pas cru pouvoir affronter la réforme électorale? Ce sont là des considérations que devront profondément méditer ceux qui songent à ramener l'un ou l'autre de ces deux régimes.

Les institutions d'un peuple doivent reposer sur autre chose que l'habileté d'un tour de main ou l'entraînement passager d'un moment.

C'est un axiome fondamental en politique, c'est la règle des règles que les institutions d'un pays doivent être en rapport avec l'état de ce même pays. Si cet axiome est vrai, il a nécessairement les deux corollaires suivants : le premier, que les institutions qui ont été bonnes à une certaine époque ne le sont plus quand l'état du pays est devenu différent — d'où il résulterait que les institutions qui ont pu être bonnes en 1815 et en 1830 ne le seraient plus aujourd'hui ; le second, que les mêmes institutions ne sauraient convenir à deux pays dont l'état n'est pas semblable — d'où il résulterait que les institutions qui conviennent à l'Angleterre ne peuvent convenir à la France, car l'Angleterre est une oligarchie fortement empreinte encore des idées aristocratiques, la France une démocratie. Cette relation nécessaire entre l'état d'un pays et ses institutions pourrait s'exprimer par une formule de géométrie : le rapport du rayon à la circonférence. Si la circonférence varie, le rayon doit varier en conséquence ; si la circonférence s'agrandit, le rayon doit être évidemment prolongé. Or, le suffrage universel et l'envahissement de la démocratie sont un agrandissement de la circonférence politique ; la prolongation du rayon, c'est-à-dire une extension des institutions, doit donc en être la conséquence.

Quant à ce que j'ai appelé, improprement peut-être, le matériel gouvernemental des Anglais, il se compose d'une Chambre héréditaire, d'une Chambre représentative élue et d'une dynastie. De ces trois pièces, nous n'en possédons qu'une, la Chambre représentative ou Assemblée nationale, qui diffère notablement de la Chambre anglaise, puisqu'elle est élue par le suffrage universel. Quant à la Chambre héréditaire qui, en Angleterre, a joué un rôle si important et a tant contribué à fonder le système du gouvernement constitutionnel, nous ne l'avons pas en France et ne saurions l'avoir. On cherchera sans doute à y suppléer, mais on ne pourra y réussir qu'imparfaitement.

Reste enfin la dynastie, qui est la pierre angulaire du système. Elle doit remplir deux conditions qui sembleraient s'exclure : il lui faut les racines profondes du chêne, si l'on peut employer cette image, et la flexibilité du roseau. Elle doit être inébranlable, mais n'avoir aucune force par elle-même. On peut dire qu'une dynastie constitutionnelle est une dynastie désarmée; elle ne peut donc se maintenir qu'à la condition de ne pas être attaquée. Du moment, en effet, qu'on l'attaque, il arrive fatalement de ces deux choses l'une : ou elle tombe sans résistance, ou elle trouve des armes pour se défendre; mais elle cesse alors d'être dans ces conditions d'impuissance qui permettent le fonctionnement du système parlementaire. Le pavillon de la dynastie constitutionnelle, c'est en quelque sorte le pavillon de la convention de Genève que s'engagent à respecter les belligérants. Mais qui peut répondre qu'en France les partis n'attaqueront pas la dynastie, et peut-on raisonnablement espérer de refaire une dynastie dans un pays dont elle a disparu, sans l'armer, du moins pour les premiers temps, de manière à ce qu'elle puisse soutenir la lutte ?

Au reste, n'est-ce pas trop considérer les apparences et s'arrêter uniquement au côté extérieur des choses, que de ne voir dans le système anglais que deux Chambres et un trône ? Cela suffit-il pour donner à un peuple la liberté politique et cette stabilité gouvernementale que nous souhaitons pour la France ?

Avant de se jeter aveuglément dans l'imitation de la Constitution anglaise, il faudrait, pour éviter le plagiat, chercher surtout à en pénétrer l'esprit. Or, si l'on se place au point de vue général, je serais tenté de dire au point de vue philosophique de la question, on arrivera à cette conclusion que le système anglais, dans sa véritable définition, n'est autre chose qu'un mode politique qui permet à tous les partis existant en Angleterre (sauf d'infimes minorités) d'arriver légalement au gouvernement de la chose publique. La forme du gouvernement anglais est donc une sorte de synthèse nationale qui embrasse toutes les forces politiques agissant dans le pays. C'est à cela qu'il faut attribuer la liberté politique et la stabilité des institutions dont on jouit en Angleterre : les deux Chambres, le trône et la responsabilité ministérielle sont les moyens, non la cause.

Cette formule de la synthèse nationale (on me pardonnera cette expression, je n'en trouve pas d'autre pour rendre ma pensée) ne se vérifie pas seulement en Angleterre. Qu'on la généralise, et on la trouvera également exacte par rapport aux autres pays et aux autres formes de gouvernement. Il semble même exister une sorte de relation constante : moins, en effet, il y a de partis politiques dans un pays, plus la forme du gouvernement y est étroite et resserrée; plus, au contraire, sont grandes les divergences d'opinions politiques, plus la forme du gouvernement, là du moins où la liberté existe, est étendue et compréhensive. Ainsi, dans les pays où il n'y a qu'un parti politique, c'est-à-dire dans les pays où il n'y a pas encore de partis, où la vie politique est à l'état stagnant, l'absolutisme paraît une forme de gouvernement naturelle et normale, et le peuple se croit libre, parce que, ne désirant rien au delà de ce qu'il a, il ne s'aperçoit même point qu'il ne l'est pas. L'absolutisme, dans ce cas, n'a rien d'insupportable et peut fort bien n'être ni despotique ni oppresseur. Mais que les esprits travaillent et que les divergences d'opinions se produisent et s'accusent, on verra aussitôt ce même peuple réclamer des institutions plus larges et conformes à ses nouveaux besoins. Il faut, en effet, ou que la forme du gouvernement soit assez étendue pour que le jeu des différents partis existants puisse s'accomplir dans la légalité, ou que le gouvernement écrase les partis dissidents. Mais alors il n'y a plus de liberté, car il n'y a de liberté que si elle existe pour tous. Il en résulterait donc que la stabilité d'un gouvernement libre dépend du rapport établi entre la forme de ce gouvernement et l'état des partis existant dans le pays, tandis que la liberté dépend de l'existence de partis différents.

Qu'on aille même au delà de ce qu'on appelle les partis politiques et l'on verra la même loi se vérifier. En effet, si dans un même pays les divergences ne proviennent pas de certaines dissidences des esprits, si elles viennent d'une différence de nationalité ou d'une différence d'intérêts locaux, les libertés parlementaires alors ne suffisent pas, quelque étendues qu'elles soient. Car si un parti politique peut augmenter le nombre de ses adhérents et parvenir par là au pouvoir, les relations numériques qui existent entre les différentes nationalités ou les différentes régions qui composent un Etat sont au contraire immuables ; en sorte que ceux qui se trouvent en minorité y resteront éternellement, et ne peuvent espérer de faire prévaloir leurs idées, ni de jamais atteindre au pouvoir. Ils assisteraient donc en spectateurs à la vie parlementaire, y pourraient tout au plus remplir le rôle de comparses, mais de fait n'y participeraient point (1). Il faut alors, si l'on veut qu'il y ait dans le pays une liberté féconde pour tous, que la forme du gouvernement s'étende et qu'on adopte une forme quelconque de fédéralisme, de féodalité ou d'union personnelle.

Il en est de même pour la question religieuse. Si l'on suppose un pays où tout le monde professe la même religion, une religion d'Etat n'aura rien d'oppressif. Mais la liberté des cultes devient nécessaire, si plusieurs religions sont professées par les habitants du même pays, et cette liberté devra être d'autant plus étendue que les religions seront plus éloignées les unes des autres.

Le système du parlementarisme et de la responsabilité ministérielle, inventé par les Anglais, n'est pas et ne pouvait être un système conçu *à priori*. Ce mode de gouvernement, qui a si merveilleusement réussi, est théoriquement ridicule. Aristote et Platon eussent haussé les épaules si on leur eût dit que l'*Homme royal* qu'ils rêvaient ne pourrait donner le bonheur à ses peuples, qu'à la condition de ne faire guère autre chose que de se tourner les pouces ou d'aller à la chasse, pendant que des « *coquins* » (2) de ministres gouverneraient en son nom. C'est que les Anglais n'ont pas fait de politique théorique ; ils ont fait de la politique à l'usage de l'Angleterre, ont laissé le temps travailler avec eux, l'ont pris pour auxiliaire, ont adapté leur politique aux circonstances et n'ont pas voulu forcer les circonstances à s'adapter à leur politique. Leur gouvernement a progressé comme le fleuve qui, descendant de la montagne, se fraye lui-même son lit dans la plaine, sans se préoccuper des sinuosités que des accidents de terrain l'obligent à parcourir. Le parlementarisme anglais a été fondé le jour où les *tories*, servis par un dépit de la duchesse de Malborough, sont parvenus au pouvoir sans changer la forme du gouvernement, sans renverser la dynastie. Que nos conservateurs libéraux sachent imiter cet exemple, qu'ils ne traitent pas la République actuelle plus mal que les *tories* n'ont traité la reine Anne.

(1) Le duché de Posen envoie, je crois, cinq députés au Parlement prussien. Au point de vue des intérêts polonais, c'est absolument comme s'ils n'y étaient pas : « *Vox clamantis in deserto.* » L'opposition des Tchèques tient à cet ordre d'idées.

(2) Expression de Georges II en parlant du grand William Pitt, depuis comte de Chatham.

En France, on a imité le système anglais, mais on n'a imité que la forme extérieure. Voici ce qui est toujours arrivé et ce qui vraisemblablement arriverait encore. Une révolution éclate et renverse le gouvernement établi ; le parti qui se trouve être le plus fort établit son prince sur le trône ; on forme aussitôt une Chambre haute, héréditaire ou viagère, composée des hommes du parti qui ont par eux-mêmes une certaine situation dans le pays; puis, grâce à une loi électorale habilement combinée et à la pression qu'on exerce sur les élections, on parvient aisément à composer une Chambre des députés où le gouvernement est sûr d'avoir la majorité. C'est ainsi que les choses se sont passées à chacune de nos révolutions, en 1815, en 1830, en 1851. Sous la Restauration, il a fallu remanier plusieurs fois la loi électorale ; le roi Louis-Philippe s'est cru perdu quand on a voulu augmenter le nombre des électeurs. Or, c'est bien là, si l'on veut, le système constitutionnel des Anglais, mais c'est le système anglais appliqué à un parti et non pas à la France. Le parti qui est au pouvoir se gouverne lui-même constitutionnellement, les nuances de ce parti se disputent les portefeuilles, mais on n'a pas ce qu'ont les Anglais, c'est-à-dire un système de gouvernement (ce que je me suis permis d'appeler synthèse nationale) qui, par le jeu normal des institutions, admette à tour de rôle tous les partis qui existent dans le pays à exercer le pouvoir, pourvu qu'ils aient la majorité. Ce n'est donc pas le pays entier qui bénéficie en France du système parlementaire, c'est seulement un parti ; car un pays, dans le sens politique du mot, c'est la généralité des partis qui existent dans ce pays. Qu'on prenne, par exemple, le règne du roi Louis-Philippe ; il y avait alors trois grands partis bien distincts : le parti légitimiste, le parti orléaniste ou parti gouvernemental, et le parti démocratique ou radical. Or, sur ces trois partis, il y en avait deux qui étaient forcément exclus, et pour toujours, de toute participation effective au gouvernement, car la nature de ces partis était contraire à celle du gouvernement existant. Si des circonstances favorables venaient à leur donner la majorité dans le pays, ce n'était pas un changement de ministère, c'était la chute du gouvernement, c'était nécessairement la révolution. Tous les efforts du gouvernement avaient donc et devaient avoir forcément pour but de les maintenir dans leur ostracisme politique, et chaque gouvernement monarchique qui s'établirait aujourd'hui agirait nécessairement de même.

Sans insister davantage sur ce sujet, je crois avoir suffisamment fait comprendre ma pensée et démontré quelles sont les données fondamentales du véritable gouvernement du pays par le pays. On en conclura, j'espère, avec moi, que c'est la forme du gouvernement qui doit s'adapter aux partis existants, car l'existence de ces partis constitue la nature même d'un pays, et que ce ne sont pas les partis qui doivent s'adapter à tel ou tel principe gouvernemental préétabli, à telle ou telle forme théorique de gouvernement, à tel système importé de l'étranger, quelle que soit d'ailleurs la beauté de la théorie que l'on préconise, quels que soient les heureux résultats que donne dans un pays voisin le système que l'on invoque. Car les partis sont les éléments concrets de la politique, les théories gouvernementales sont l'abstraction, ou, si l'on préfère une comparaison différente, les partis sont les nombres donnés, la forme du gouvernement est la moyenne qu'il s'agit de dégager.

III

Cette égalité absolue de tous les partis devant la loi constitutionnelle, cette admissibilité de tous au pouvoir, le jour où ils parviennent à réunir la majorité du pays, n'est pas seulement l'unique moyen de fonder la liberté véritable, c'est aussi la seule garantie certaine de la stabilité des institutions. Autrement le régime parlementaire amènera de continuelles révolutions. S'il existe, en effet, dans un pays des partis exclus par la forme même du gouvernement établi, ces partis ne peuvent que tendre à renverser le gouvernement et doivent forcément procéder par la voie révolutionnaire. Ils considèrent le pouvoir comme une forteresse dans laquelle leurs ennemis se sont retranchés et qu'il faut emporter d'assaut. Si, à un moment donné, ils parviennent à grouper autour d'eux une majorité réelle ou factice, ils en profiteront aussitôt, non pas seulement pour entrer dans le gouvernement, comme ils en auraient constitutionnellemeut le droit, mais pour le renverser, en changer la forme établie et construire à leur usage une nouvelle forteresse gouvernementale, dans laquelle ils se barricaderont à leur tour. Sans même qu'il soit besoin de pousser les choses jusqu'à cette extrémité, l'existence dans un pays de partis extra-constitutionnels suffit pour complètement fausser le jeu des institutions parlementaires, souvent même pour l'entraver. Il n'y a pas de gouvernement parlementaire sans une opposition, opposition qui ne tend pas à renverser la forme du gouvernement, mais simplement à s'emparer du pouvoir, c'est-à-dire à parvenir au ministère. Pour atteindre son but, il faut nécessairement qu'elle agite plus ou moins le pays, qu'elle accuse le gouvernement de mal gouverner, qu'elle le décrie devant les électeurs, en un mot qu'elle attaque. Qu'elle le veuille ou non, les partis qui visent à la chute du gouvernement, ces partis extra-constitutionnels dont nous parlions tout à l'heure, se mettent dans le jeu de l'opposition constitutionnelle; ils crient avec elle et plus fort qu'elle, la poussent par derrière de toutes leurs forces et s'en servent comme d'un bélier pour frapper à coups redoublés sur le gouvernement établi. Ils finissent par faire brèche, mais ce n'est pas l'opposition gonvernementale qui parvient alors au pouvoir, c'est le gouvernement qui tombe. Que si, au contraire, on veut éviter ce danger, alors il n'y aura plus de gouvernement parlementaire, car il n'y aura plus cette opposition constitutionnelle qui en est le pivot. On votera avec le ministère, mais à contre-cœur et malgré soi, et uniquement pour ne pas voter avec les radicaux ou les révolutionnaires.

On nous disait sous l'Empire que la liberté ne serait possible que le jour où il n'y aurait plus de partis, et quelques personnes croient, en effet, qu'une sorte de grand parti gouvernemental unique, devant lequel disparaissent tous les autres partis, est nécessaire pour qu'un gouvernement libre puisse fonctionner sans danger. Mais c'est là tomber dans une profonde erreur, c'est ignorer les premiers éléments de la liberté, c'est méconnaître la nature humaine elle-même; car des hommes ne peuvent être réunis sans qu'il y ait parmi eux des opinions différentes, et l'on peut être certain que s'ils pensent tous de même, c'est qu'ils ne pensent pas. Mais alors il n'y a pas lieu à discuter, et le régime parlementaire devient inutile ; un absolutisme paternel et tempéré est le régime qui convient le mieux aux peuples dans cet état. Quant à l'Empire, il nous proposait un cercle vicieux : il voulait que, pour obtenir la liberté, on adhérât à un gouvernement qui répudiait la liberté.

On nous demande maintenant autre chose. On veut que, toute autre dissidence cessant, nous nous divisions en deux grands partis, car c'est ainsi que font les Anglais. Le conseil est excellent, et il faut espérer que nous nous déciderons à le suivre. Mais cela demande un peu de temps. Les partis ne désarment pas facilement, et le plus souvent ils ne le peuvent pas. Les partis, en effet, ne sont pas des forces voulues, si je puis employer cette expression, mais des forces spontanées. Dès que ces forces existent, il faut qu'elles agissent et qu'elles produisent leur effet. Si les partis pouvaient, sur un mot d'ordre, disparaître ou se fondre, la politique ne serait pas ce terrain ardu, semé de ronces et d'épines, où l'on avance si difficilement. Il ne faut donc pas se faire d'illusions ; les partis sont ce qu'ils sont, et il faut les prendre tels qu'ils sont. Ils ne se modifieront qu'avec le temps et par un système d'institutions différentes de celles du passé, qui, en plaçant les partis sur un terrain et dans un milieu nouveaux, parviendront à en modifier la nature. Nous nous trouvons ainsi toujours ramenés à notre point de départ que c'est la forme du gouvernement qui doit s'adapter aux partis qui existent dans le pays, et qu'il est utopique d'espérer que les partis se plieront à la forme de gouvernement qu'on voudra leur imposer.

Avant de poursuivre plus avant, il ne sera peut-être pas inutile de résumer ce qui précède. Les prémisses que nous avons posées peuvent se formuler dans les quelques propositions suivantes : 1° que dans tout pays libre il y a nécessairement différents partis, car la divergence des opinions tient au fond même de la nature humaine, et vouloir faire disparaître les partis, c'est vouloir que la liberté disparaisse ; 2° que du moment où différents partis politiques existent dans un pays, la lutte entre ces partis est inévitable et que cette lutte étant la conséquence naturelle des choses, elle doit être admise par la loi, et non-seulement admise, mais réglée et protégée par elle ; 3° que la lutte étant légitime et légale, le parti le plus fort (et la force d'un parti dépend du nombre de ses adhérents) doit recevoir le prix de la lutte, c'est-à-dire le pouvoir, et que ce pouvoir lui doit être pacifiquement remis ; 4° que cette loi qui règle et protége la lutte des partis doit être acceptée d'avance et observée par les partis. Or, cette loi qui plane au-dessus des partis, c'est ce qu'on appelle la Constitution, qu'elle soit écrite ou qu'elle soit traditionnelle, il n'importe. Les partis, bien qu'en opposition ou même en lutte sur tous les autres points, doivent donc être cependant d'accord sur un seul point : la Constitution, ou, autrement dit, la forme du gouvernement. Or, il est évident que l'on ne pourra obtenir leur accord préalable et leur acquiescement que sur une forme de gouvernement qui leur donne à tous des chances de parvenir, qui reconnaisse à chacun un droit égal, pourvu qu'il obtienne la majorité, et qui n'en exclue aucun. C'est donc une sorte de contrat consensuel national préétabli, qui doit être immuable et défendu par tous. Ainsi, d'une part, adhésion des partis ou, autrement dit, de la généralité du pays, à un principe abstrait, la forme du gouvernement, et soumission de ces mêmes partis à une loi positive, la loi des majorités ou droit du plus grand nombre à gouverner la communauté ; d'autre part, pleine liberté de lutte pour les partis sur le terrain légal, telle est la double donnée fondamentale de tout gouvernement libre et stable. Or, ce n'est pas là seulement une vérité rationnelle, mais une vérité d'expérience. On peut en avoir la preuve si l'on examine ce qui se passe non-seulement en Suisse et en Amérique, mais en Belgique, en Angleterre et dans les autres pays libres. Aux Etats-Unis, en effet, le jour où le parti esclavagiste a vu ses idées rayées de la Constitution, où il s'est trouvé exclu du jeu légal des autres partis, il s'est jeté dans la guerre civile, sa dernière ressource, et a été vaincu pour l'honneur de notre siècle. Quant à l'Angleterre, il est évident que, du moment où il s'y formera un parti nouveau et d'une nature telle qu'il ne puisse avoir un accès légal et pacifique au pouvoir — si les *tories*, par exemple, trouvaient un rejeton des Stuarts et faisaient de lui un prétendant, ou si les *whigs* devenaient tout à coup républicains — de ce moment, disons-nous, il faudra que la forme actuelle du gouvernement anglais soit changée ou que la question soit tranchée par la force. Quand l'heure aura sonné, l'Angleterre devra donc se modifier ou se voir, comme d'autres pays de l'Europe, en butte aux révolutions.

IV

Il s'agit maintenant de résoudre le problème.

Quelle est la forme de gouvernement qui puisse être acceptée des différents partis existant aujourd'hui en France et qui permette de n'en exclure aucun ?

Il est inutile de faire le dénombrement des partis qui nous divisent, on ne les connaît que trop. Depuis les derniers événements, ils se sont répartis en deux masses distinctes : les monarchistes et les républicains. Le parti monarchiste se fait aussi appeler le parti conservateur-libéral ; c'est son nom de guerre pour les élections. Nous souhaiterions qu'il l'adoptât définitivement et que ce fût le seul qui lui convînt désormais. En attendant, il est fort douteux que, la République venant à disparaître, on pût réunir trois monarchistes sans trouver chez eux trois opinions différentes sur la manière de constituer la monarchie et sur le choix de la dynastie. C'est donc la République qui fait l'union des monarchistes et, jusqu'à plus ample informé, il est permis de distinguer dans leurs rangs des légitimistes, des orléanistes et des impérialistes, car, si ces derniers n'ont guère de représentants à Versailles, il ne faut pas oublier qu'il y en a encore un certain nombre parmi les électeurs. Les républicains peuvent aussi se subdiviser en plusieurs groupes ; mais ceux-ci, du moins, sont d'accord sur la forme du gouvernement et veulent maintenir la forme actuelle.

Il ne sera peut-être pas indifférent de déterminer quel est au juste le désaccord qui existe entre les monarchistes et les républicains — au point de vue des théories constitutionnelles, bien entendu, non des tendances. Nous sommes, en effet, loin du temps de ces Chambres de la Restauration où le seul mot de volonté nationale passait pour un blasphème et soulevait d'effroyables tempêtes. Aussi la distance qui sépare les deux partis est-elle moins grande qu'eux-mêmes peut-être ne se l'imaginent, car on ne peut s'empêcher de constater que les monarchistes, à leur insu sans doute, ont été fortement pénétrés par les principes mêmes du républicanisme et par les idées démocratiques, tandis que les républicains sont revenus sur bien des choses à des idées plus justes.

Les deux partis se rencontrent, en effet, sur toutes les questions constitutionnelles, sauf une. L'Assemblée de Versailles a adopté, non-seulement adopté mais professé, le principe de la souveraineté du peuple, cette base des idées républicaines. C'est au nom de ce principe qu'elle s'est déclarée souveraine, c'est au nom de ce principe qu'elle gouverne, et c'est encore au nom de ce principe qu'une partie de l'Assemblée se croit autorisée, le cas échéant, à rétablir la monarchie. « C'est nous le peuple ! » s'est bruyamment écrié un membre de la droite. On ne peut donc plus formellement établir le principe de la souveraineté populaire, ni plus complètement l'admettre comme base fondamentale du droit public. Le parti républicain, plus éclairé aujourd'hui qu'il ne l'était autrefois, paraît, au contraire, ne pas vouloir aller aussi loin que le parti monarchique dans la théorie révolutionnaire de la souveraineté absolue des Assemblées. Il semble revenir à la véritable et saine doctrine politique que toute souveraineté représentative est limitée par l'étendue du mandat, et c'est la droite qui se laisse séduire par la théorie décevante que les élus du peuple sont le peuple lui-même, que par conséquent ils ont les mêmes droits et le même pouvoir que pourrait avoir le peuple ; en un mot, que l'élection confère l'omnipotence. Le principe de la souveraineté du peuple est donc admis de part et d'autre.

Vient ensuite le suffrage universel. Si l'on peut regretter qu'il ait été prématurément introduit, on comprend néanmoins assez généralement, dans l'un et dans l'autre parti, qu'il y aurait plus de dangers que d'avantages à vouloir le restreindre. Si maintenant nous examinons la question de savoir comment seront constitués les deux pouvoirs, l'exécutif et le législatif, qui forment ce qu'on appelle le gouvernement d'un pays et dont l'accord constitue la souveraineté politique, nous aurons passé en revue les points fondamentaux de toute Constitution. Or, pour ce qui touche le pouvoir législatif il n'y a et il ne peut y avoir aucune divergence de principe entre le parti monarchique et le parti républicain. L'électivité du pouvoir législatif est aujourd'hui et depuis longtemps au-dessus de toute discussion. Il pourra y avoir désaccord sur certains points, tels que la durée du mandat et le mode de renouvellement, mais ce sont là des questions de mécanisme constitutionnel, non des questions de principe, et il est difficile de préjuger comment se partageraient les différentes opinions. Quant à la question de la seconde Chambre, il est bien certain que le parti républicain repousserait l'idée de toute création qui ressemblerait à une pairie héréditaire ou viagère; mais il est également certain que le parti monarchique comprend parfaitement lui-même quelle serait l'inanité d'une pareille tentative. Jusqu'ici l'accord théorique entre les deux partis est donc complet.

Nous arrivons maintenant au point délicat, la création du pouvoir exécutif. L'Assemblée de Versailles en se déclarant souveraine (et c'est du parti monarchique, siégeant à cette Assemblée, que nous entendons spécialement parler ici) a déjà par là même tranché la question de principe. En effet, la majorité de cette Assemblée en proclamant, comme elle l'a fait, qu'elle aurait le droit de constituer la Monarchie comme elle aurait celui de fonder la République, a implicitement reconnu par là que le peuple et le peuple seul était la source du pouvoir suprême, car l'Assemblée n'a d'autre droit évidemment que celui qu'elle tient des électeurs, ce qui revient à dire du peuple; elle a du même coup reconnu et constaté qu'il n'y avait en France aucun droit de souveraineté préétabli. Le pouvoir souverain en France a donc pour origine la volonté du peuple, ou si l'on veut du corps électoral, et ne peut en avoir d'autre. Ce principe est tout à fait celui des républicains. Seulement ceux-ci l'étendent davantage; ils disent que si la somme des électeurs, que dans le langage politique on appelle peuple, a le droit, soit directement, soit par ses représentants, ce qui revient au même, de décerner le pouvoir exécutif, elle a ce droit non-seulement à tel jour et à telle heure, mais qu'elle l'a constamment; que ce droit ne doit pas être seulement théoriquement reconnu, mais qu'il doit avoir une sanction effective; qu'il est absurde de prétendre que les électeurs d'aujourd'hui ont des droits supérieurs aux électeurs de l'avenir et peuvent leur imposer leur volonté. Or, la sanction du droit qu'a le peuple de constituer le pouvoir exécutif, réside dans l'électivité périodique de ce même pouvoir.

Théoriquement d'accord, comme nous l'avons montré tout à

l'heure, sur toutes les autres questions constitutionnelles, c'est au sujet du pouvoir exécutif que républicains et monarchistes ne s'entendent plus. Leur désaccord sur ce point n'est pourtant encore que partiel : les deux partis admettent l'électivité originelle du pouvoir exécutif; c'est la question de la périodicité seule qui les divise.

Nous venons d'examiner la question théoriquement, voyons-la au point de vue pratique. Le parti monarchique veut le gouvernement du pays par le pays, et il faut lui rendre cette justice qu'il le veut sincèrement. Les républicains le veulent aussi et avec une égale bonne foi. Ils diffèrent sur les moyens de parvenir à ce but. Mais la différence des moyens à employer est-elle aussi grande qu'elle le paraît? Si l'on est sincère de part et d'autre, n'est-elle pas plus apparente que réelle? Que veut, en effet, le parti monarchique? Il veut que les représentants nommés par les électeurs, c'est-à-dire l'Assemblée nationale ou la Chambre des députés, n'importe le nom, gouverne en fait, qu'elle fasse les lois et que le premier ministre ou chef du cabinet, celui qui dirige toute la politique du pays, soit pour ainsi dire choisi par elle et soit constamment sous son contrôle. C'est donc, en un mot, le gouvernement du pays par l'Assemblée, ou pour parler plus exactement, la précision ici est nécessaire, par la majorité de l'Assemblée. Or, cette majorité est dépositaire des vœux et de la volonté de la majorité des électeurs. C'est donc en fait la majorité des électeurs qui, par l'intermédiaire de ses représentants, gouvernera le pays, et ce gouvernement sera, sans que rien puisse l'en empêcher, bon ou mauvais, sage ou emporté, selon ce que sera elle-même la majorité des électeurs. Identiquement pareil est le fonctionnement du système républicain; ce sont les mêmes moyens pour arriver au même résultat. Ce sera la même majorité électorale qui constituera la majorité de l'Assemblée, ce sera la majorité de l'Assemblée qui fera les lois, qui constituera le pouvoir exécutif, qui contrôlera les ministres. La seule différence, c'est que le parti monarchique place un roi au faîte du système parlementaire et que la République n'en admet point. Mais le parti monarchique entend bien stipuler avec ce roi que sa présence ne sera qu'un ornement de l'édifice politique, qu'il n'aura pas le droit de gouverner ni d'intervenir dans le gouvernement, et que s'il nomme les ministres, ce ne sera que pour l'apparence, car il ne pourra nommer que ceux qui lui seront désignés par l'Assemblée; et lui seraient-ils les plus désagréables du monde, il devra cependant les nommer et leur laisser faire en son nom tout le contraire de ce qu'il ferait lui-même. Solon, s'il pouvait revivre, dirait, il me semble, aux peuples de l'Europe : « Que ceux qui ont des rois de cette sorte les gardent, que ceux qui n'en ont pas s'en passent. » Rétablir un roi pour le dépouiller aussitôt de tout pouvoir royal, n'est-ce pas, en effet, prendre une peine inutile ?

Mais les monarchistes sont dans cette conviction que la présence d'un roi peut seule assurer le pouvoir à leur parti, leur permettre de gouverner et de faire prévaloir leurs idées. En cela ils se trompent; ils pourront accomplir exactement les mêmes choses sous une République, pourvu qu'ils aient la majorité des électeurs avec eux. Et s'ils ne l'ont pas, que deviendront-ils, même en supposant le trône constitutionnel rétabli ? Quant aux républicains, ils ont une objection à faire. Ils trouvent fort ingénieuse cette théorie de la monarchie constitutionnelle. « Mais, disent-ils, cette neutralité absolue de la couronne, cette parfaite innocuité du prince est une hypothèse. Si l'hypothèse allait ne pas se réaliser ? Il peut arriver, nous le savons, qu'un président de République ait tous les défauts que peut avoir un roi; mais nous avons, avec un peu de patience, une ressource constitutionnelle et légale : la réélection ! »

Je me suis laissé aller à la digression qui précède, voulant établir combien, au point où en sont venues les idées aujourd'hui, petite était la distance, théoriquement du moins, qui sépare les monarchistes des républicains. Quoi qu'il en soit, je reviens à l'enchaînement naturel de mon sujet. S'il est vrai qu'un pays ne peut avoir la liberté, des institutions stables et éviter les révolutions qu'avec une forme de gouvernement qui embrasse les différents partis existant dans ce pays et leur permette d'aspirer légalement et pacifiquement à l'exercice du pouvoir, qu'on examine de bonne foi quelle est la forme de gouvernement qui, avec les nombreux partis qui nous divisent, peut donner ce résultat. Est-ce la République ou bien la Monarchie ? Poser la question c'est, il me semble, la résoudre. Tout parti monarchique est nécessairement et fatalement exclusif. Ce ne sont pas seulement les républicains qu'il exclut, mais aussi les autres partis monarchiques ses rivaux. Nous en avons eu des preuves réitérées depuis le commencement du siècle. Beaucoup plus large est le programme républicain loyalement et sincèrement appliqué, et il dépend entièrement et uniquement des électeurs qu'il le soit. Il n'exclut aucun parti, ni aucun concours personnel. Nous en avons eu la preuve en 1848; nous en avons actuellement sous les yeux une preuve plus convaincante que tous les raisonnements du monde: c'est qu'une majorité de représentants non républicains gouverne la République. En effet, chacun peut, sans renier ses sentiments personnels, sans avoir à transporter sa fidélité d'un prince à un autre, et tout en conservant le respect des grandeurs du passé, se dévouer à cette abstraction de la République qui n'est autre chose que le service du pays. D'autre part, tout parti organisé, pourvu qu'il ait la majorité dans le pays, est certain d'exercer le pouvoir et de faire prévaloir ses idées, puisque c'est de lui qu'émaneront à la fois et le pouvoir législatif et le pouvoir exécutif. Il dirigera donc la politique du pays et gardera le gouvernement aussi longtemps qu'il aura avec lui le plus grand nombre des électeurs. La République, on ne saurait trop le répéter, ne peut être ni ne veut être un gouvernement de parti; c'est le gouvernement par la majorité; c'est dans toute sa réalité cette abstraction constitutionnelle que personnifie la reine en Angleterre. N'étant pas identifiée avec une personne, elle ne menace pas, comme la royauté, de sortir de son rôle abstrait.

V

Une République n'a pas, plus qu'aucune autre forme de gouvernement, des vertus intrinsèques qui lui permettent d'échapper aux lois naturelles qui régissent l'ordre de choses qu'on appelle la politique. L'Etat est la création réfléchie de la volonté nationale, et tout législateur est créateur. Un peuple, considéré au point de vue politique, est une sorte d'être collectif supérieur qui se distingue du reste de la création en ce qu'il est lui-même, en quelque sorte, son propre créateur. Mais ce pouvoir de création qu'il exerce sur soi, il peut en abuser ou le manier maladroitement. Il se rend alors difforme ou, dans son ignorance, oublie de se donner à lui-même les organes les plus essentiels de la vie. Lessing, je crois, dit dans une de ses fables que le cheval vint un jour se plaindre à Jupiter : il enviait au cygne son cou flexible, au cerf la finesse de ses jambes, et aurait voulu que ses reins lui fissent une selle naturelle. Jupiter, pour le contenter, lui donna le pouvoir de se transformer à son gré. C'est de là que naquit le chameau. Il peut arriver aussi qu'un peuple, en voulant se transformer, se place une bosse sur le dos.

Les organes d'un peuple sont ses institutions. C'est par ses institutions qu'une nation vit, pense, réfléchit, décide, agit. Tout son avenir dépend donc des institutions qu'elle se donne. Avec de mauvaises institutions, une République, pas plus qu'une Monarchie, ne saurait subsister. Or, comme nous le faisions remarquer en commençant, les institutions qui nous régissent actuellement sont au moins imparfaites et sembleraient vouloir donner un démenti à tout ce que l'expérience et la science politique enseignent : une Assemblée unique qui exerce un pouvoir illimité, parce qu'il n'a pas été défini ; le parti pris dans cette Assemblée de faire les lois secondaires avant les lois essentielles ; une majorité impatiente du pouvoir exécutif qu'elle a elle-même créé, un gouvernement enfin à l'essai, c'est-à-dire une cible sur laquelle tout le monde, même les agents du pouvoir, a le droit de tirer.

Il ne peut être évidemment question de faire ici une revue générale de nos institutions, ni de formuler un plan de Constitution. Il suffira d'examiner sommairement ce que devraient être les institutions d'une République dont on voudrait assurer la durée en France.

Mais ne peut-on, entendons-nous dire souvent, se passer d'une Constitution, et quelle en est l'utilité ? Il est fort possible, en effet, de se passer de Constitution, mais à une condition, que la France malheureusement ne remplit pas, c'est de n'avoir pas eu de révolutions. La tradition politique tient alors lieu de Constitution écrite. Des lois constitutionnelles peuvent, au reste, si on le préfère, remplacer la Constitution.

Quelque nom qu'on donne à la chose, il faut nécessairement qu'elle existe. Il est, en effet, certains points fondamentaux qui doivent être préalablement établis ; tels sont, par exemple, la division des pouvoirs et leurs rapports entre eux, et l'on pourrait dire que la Constitution est la loi qui régit la manière de faire les lois : c'est la loi des lois. Mais ce qui rend indispensable une Constitution, surtout dans un pays aussi souvent révolutionné que le nôtre, et sous un ordre de choses où tous les pouvoirs de l'Etat émanent de l'élection, c'est la nécessité absolue de déterminer par avance et une fois pour toutes les rapports entre les électeurs et leurs élus, c'est-à-dire l'étendue des pouvoirs délégués et la durée des mandats. Autrement ce serait un chaos perpétuel, l'électeur ne saurait jamais ce qu'il vote, et le pays serait continuellement balloté entre les usurpations et l'anarchie. En effet, le peuple est, par sa nature même, complètement incapable de déterminer les conditions du mandat qu'il délivre à ses élus. Ces conditions doivent donc être préalablement définies et connues de tous. Autrement ce seront les élus qui auront eux-mêmes à les fixer, c'est-à-dire à limiter l'étendue de leur propre pouvoir. Or, un pouvoir chargé de se limiter lui-même est un pouvoir illimité. Il est en danger de tomber, soit dans la tyrannie, soit dans l'impuissance, car il pourra abuser de sa force ou se voir contester les droits les moins contestables. Le vice radical du dernier Empire a été cette constante pétition de principe : étant parvenu à s'emparer du pouvoir, il a réglé lui-même les rapports qu'il lui convenait d'avoir avec les électeurs, source du pouvoir. La définition préalable des différents mandats qu'auront à délivrer les électeurs est donc la base essentielle de tout le système du gouvernement représentatif. Elle est nécessaire, non-seulement pour les grands pouvoirs de l'Etat, mais pour tous les pouvoirs électifs quels qu'ils soient. C'est elle qui, parmi les élus d'un même département, donne aux uns le droit de faire des lois à l'Assemblée nationale, et ne donne aux autres, dans les Conseils généraux, que le droit de tracer des routes ou de répartir des impôts.

C'est évidemment la Constitution des Etats-Unis qui doit servir, je ne dirai pas de type, mais de point de comparaison pour nos institutions futures. Nous avons besoin, comme les Etats-Unis, de deux Chambres qui se partagent le pouvoir exécutif et d'un Président qui dirige le gouvernement. Mais il est improbable que personne songe aujourd'hui à faire nommer le Président par le suffrage universel. Son élection, comme en Suisse, appartiendra évidemment à la représentation nationale. C'est là un point que l'on peut considérer comme acquis.

Quant à la question des deux Chambres, elle a été si souvent traitée qu'il serait superflu d'insister. Elle doit être résolue pour tous ceux qui ne ferment pas volontairement les yeux aux leçons de l'expérience. Qu'il s'agisse de République ou de Monarchie constitutionnelle, on trouve partout, en effet, deux Chambres, en Angleterre, en Italie, en Belgique, en Suède, en Norwége, en Danemark, comme en Suisse et aux Etats-Unis. L'unité de pouvoir doit être brisée toujours et partout, quand on le peut, en haut comme en bas de l'échelle politique, et ceux qui contestent encore l'utilité du système des deux Chambres seront du moins forcés de reconnaître que la seconde Chambre, en France, si elle a peu servi, n'a jamais nui. On a admirablement défini le système des deux Chambres en disant simplement que c'était un moyen de faire de meilleures lois. Quant à croire qu'un pays est plus démocratique avec une Assemblée unique, c'est là une véritable puérilité, du moment que les deux Chambres émanent l'une et l'autre du suffrage universel. « Deux avis valent mieux qu'un, » dit un ancien proverbe.

Aux Etats-Unis, on est tellement convaincu des avantages qu'offre le système d'une double législature, qu'il a été adopté, non-seulement par la Constitution fédérale, mais par chacun des Etats respectifs de l'Union. Les deux Assemblées qui composent le Congrès sont toutes deux électives naturellement, mais elles le sont suivant un mode différent. La Chambre des représentants est élue directement par le suffrage universel et se renouvelle intégralement à la fin de la seconde année. Le Sénat, au contraire, est renouvelé par tiers tous les deux ans. Chacun des Etats respectifs de l'Union y envoie deux sénateurs choisis par la législature des Etats, c'est-à-dire la Chambre des représentants et le Sénat réunis. La plus grande part de l'autorité appartient au Sénat ; il représente la stabilité dans les institutions américaines ; il est la maîtresse-pièce du mécanisme gouvernemental. C'est ainsi qu'aux Etats-Unis on est parvenu à résoudre heureusement le double problème qui s'impose à toute République : réserver au peuple, par des élections fréquentes, une influence active dans la direction des affaires, et assurer en même temps la stabilité de l'Etat.

En France, il nous faut résoudre le même problème, mais nous n'y parviendrons qu'en renversant pour ainsi dire le système américain. Quelque effort qu'on fasse, en effet, la seconde Chambre n'aura jamais chez nous la prépondérance du Sénat des Etats-Unis, et l'autorité morale appartiendra toujours à la Chambre des représentants directement élus par le suffrage universel. C'est donc la Chambre directement élue qui devra être permanente et se renouveler partiellement, grâce à des élections qui pourraient être annuelles et se faire par cinquième, tandis que l'autre Chambre se renouvellerait intégralement à certaines périodes, tous les trois ou quatre ans, par exemple. Les deux Chambres réunies prendraient le nom de Parlement national. La Chambre directement élue conserverait celui d'Assemblée, l'autre Chambre pourrait être appelée Conseil national. Dans certains cas prescrits à l'avance, les deux Chambres se réuniraient pour délibérer en commun, quand il s'agirait, entre autres, de nommer le Président de la République.

Le système du renouvellement partiel de l'Assemblée nationale ne manquera pas de soulever de nombreuses protestations. On finira cependant par s'y rallier. Le parti monarchique a contre ce système des préjugés de tradition. Au point de vue de la Monarchie constitutionnelle, en effet, le renouvellement intégral lui est peut-être préférable, mais on ne doit point oublier que les conditions d'une Monarchie et celles d'une République sont différentes et qu'il s'agit de constituer une République. On peut d'ailleurs invoquer l'exemple de la Belgique, où la Chambre des députés est renouvelée par moitié tous les deux ans, sans que le gouvernement en soit entravé. Le renouvellement partiel que nous demandons pour la France est un peu moins rapide, puisqu'il aurait lieu par cinquième. D'autre part, le parti démocratique, qui a souvent plus de passion que de clairvoyance politique, est sous cette impression que le renouvellement partiel d'une Assemblée entrave la manifestation de la volonté populaire.

Les objections que rencontre ce système sont donc de deux sortes et viennent de deux côtés différents. Les monarchistes prétendent qu'en dérangeant trop fréquemment l'équilibre d'une Assemblée, en empêchant la majorité de s'asseoir, il trouble la marche du gouvernement et rend la politique incertaine; qu'en outre, il jette le pays dans des agitations électorales trop répétées. En un mot, ils ne le trouvent pas assez conservateur, tandis que, de leur côté, les démocrates ne le trouvent pas assez démocratique. Nous pensons qu'on se trompe des deux côtés et que le renouvellement partiel est, au contraire, à la fois conservateur et démocratique; nous essaierons de le prouver.

Les institutions politiques sont le moyen de parvenir à un but qu'on se propose. Or, le but que tout le monde doit vouloir atteindre, c'est une forme de gouvernement stable qui nous donne la liberté. La Monarchie porte en elle-même un élément de stabilité pour ainsi dire perpétuelle, c'est le pouvoir royal héréditaire. Son influence n'est pas aussi complètement nulle qu'on veut bien le dire, et si les rois vraiment constitutionnels ont le talent de la faire disparaître ou de la dissimuler dans les périodes de calme, on la retrouve dans les moments de crise et elle devient alors une garantie suprême contre la dissolution nationale. La dynastie est comme le phare à l'horizon qu'on ne perd jamais complètement de vue et qui brille d'autant plus que la nuit est plus sombre. Mais, dans une République, rien de semblable. Une République n'a en elle-même aucun élément de stabilité; il faut donc, par les institutions, en créer de factices. Or, le renouvellement intégral de l'Assemblée, c'est à chaque fois la possibilité d'une révolution; c'est une irrésistible tentation pour les partis; c'est dans le pays une agitation tellement profonde qu'il s'en épouvantera lui-même. La terreur de ce qu'on appelait l'échéance de 1852 a été peut-être le plus puissant auxiliaire du coup d'Etat. Les élections partielles n'offrent point ce danger. Elles modifient l'Assemblée, mais la modifient insensiblement et ne risquent point de précipiter le pays, en un seul jour, d'un extrême dans l'autre, car le suffrage universel peut avoir des surprises qu'il est impossible de prévoir. 33

Ce péril des changements soudains d'opinion n'existe pas, au même degré du moins, avec le suffrage restreint. Celui-ci est bien plus maître de lui-même. Les électeurs, étant peu nombreux, peuvent, en effet, se consulter entr'eux; étant plus éclairés, ils se rendent mieux compte de la situation du pays, savent discerner les nuances, sont capables de mesure. Le suffrage universel se comporte, au contraire, comme la foule. Il se précipite tantôt d'un côté, tantôt de l'autre, sans savoir au juste pourquoi, et, incapable de mesurer ses coups, quand il veut entr'ouvrir une porte, il l'enfonce. En se donnant d'ailleurs la peine d'étudier tant soit peu la nature du suffrage universel, on se convainct aisément qu'il n'a et ne peut avoir qu'une notion imparfaite et obscure de sa propre volonté. Aussi, ce qu'on appelle la volonté nationale, n'étant que la somme immense de volontés qui s'ignorent et qui ne peuvent savoir sur quel point elles vont se rencontrer, le pays apprend-il le lundi ce qu'il a voulu le dimanche. Il est souvent surpris lui-même à la vue de sa propre volonté et la corrigerait, s'il le pouvait; mais les votes une fois donnés ne sauraient être repris. Bien que composées d'un petit nombre d'hommes, la plupart mûris dans les affaires, les Assemblées délibérantes se tiennent cependant en garde contre des décisions trop précipitées. Elles ne décident rien sans l'avoir examiné dans leurs commissions et dans leurs bureaux. Mais cela pourtant ne leur suffit pas encore, et elles s'imposent plusieurs discussions publiques et plusieurs votes successifs, tant est grande leur crainte de laisser surprendre ou égarer leur volonté. Il ne s'agit cependant que de simples lois; et l'on veut que des millions d'électeurs, sans aucun concert préalable possible et guidés seulement par la polémique des journaux et par un vague instinct des choses, décident en un seul jour de l'avenir du pays, sans recours et sans appel!

Il ne faut pas oublier, en effet, qu'étant admis que le choix du pouvoir exécutif se fera par l'Assemblée, des élections générales amèneront le plus souvent un bouleversement complet de tout le gouvernement. Le pouvoir exécutif et le pouvoir législatif seront changés du même coup. Il n'y aura donc plus rien de stable en France. Une échauffourée révolutionnaire nous jettera dans une Chambre introuvable, une réaction exagérée nous précipitera dans le parti radical, car il n'y a pas, sous une République, cette ressource de la Monarchie, le droit de dissolution, c'est-à-dire la faculté d'en appeler du peuple au peuple mieux informé.

Ajoutons enfin que ce serait s'exposer de propos délibéré à cet immense danger de voir les préoccupations de la masse électorale se porter beaucoup moins sur le pouvoir législatif que sur le pouvoir exécutif, qui attire surtout les regards chez nous et les attirera longtemps encore. Les élections se feraient sur un nom. On ne songerait qu'à faire parvenir à la magistrature suprême de l'Etat telle ou telle personnalité, tel ou tel prince, tel ou tel chef populaire. Il est aisé de prévoir ce qui pourrait en résulter. On s'engoue vite en France, et nos engouements nous ont été souvent funestes. Nous devons nous prémunir contre nous-mêmes.

Les Américains se gardent bien de jouer ainsi sur un seul coup de dés toute leur fortune politique. Ils renomment, il est vrai, leurs députés tous les deux ans, mais c'est à la condition que le pouvoir exécutif est complètement indépendant de la représentation nationale, et que le Sénat, qui est permanent, veille à conserver les traditions politiques et maintienne l'esprit de suite dans les affaires. Or, en France, cet élément de stabilité, indispensable dans tout gouvernement, quel qu'il soit, nous ne pouvons le placer que dans l'Assemblée représentative. Tout autre pouvoir manquerait de l'autorité nécessaire. Ce n'est pas la première fois, d'ailleurs, que le système du renouvellement partiel aura fonctionné en France. La Restauration lui a dû ses plus belles années, et ne l'a abandonné que parce qu'il fournissait au parti libéral de trop fréquentes recrues. Mais c'était s'attacher à l'effet, quand on aurait dû considérer la cause, et les quelques années de répit qu'on s'assura par la septennalité et la loi du double vote furent ensuite bien chèrement payées.

Le système du renouvellement partiel est donc conservateur, loin d'être perturbateur. Il donne au pays le moyen d'aviser et le met à même d'empêcher qu'une Assemblée ne tombe du côté où elle penche. On n'a pas le droit d'établir gratuitement en thèse générale que c'est l'opposition qui doit toujours y gagner. Le contraire pourra arriver souvent et, si une élection partielle vient déplacer la majorité, elle le fera toujours moins brusquement que des élections générales. Il est bon d'ailleurs que le gouvernement soit souvent averti et qu'on ne s'endorme pas dans une sécurité trompeuse. Il faut dans une République un étiage qui marque exactement le niveau de l'opinion publique, et le parti conservateur, qui veut le gouvernement du pays par le pays, fera bien de ne plus considérer les élections comme un mal qu'il faut toujours fuir. Si, en 1870, le ministère du deux Janvier avait dissous la Chambre et fait procéder à des élections nouvelles, comme le voulaient les usages et la situation parlementaire, on eût évité, sans doute, le plébiscite, la guerre et les malheurs qui ont suivi.

Le reproche qu'on adresse au système du renouvellement partiel de ne pas être une institution démocratique est-il mieux fondé? Une institution démocratique est, je pense, une institution qui permet au peuple d'intervenir aussi souvent que possible dans la composition des pouvoirs gouvernants. Il est donc beaucoup plus démocratique de faire intervenir les électeurs tous les ans dans la constitution du pouvoir législatif que de ne leur accorder ce droit que tous les cinq ans. Si le renouvellement se faisait par cinquième, ce qui semble être la meilleure proportion, l'Assemblée se trouverait entièrement renouvelée au bout de cinq années. Or, le peuple ne se trouverait pas mieux partagé, si le renouvellement avait lieu par périodes quinquennales. Mais il a l'avantage, grâce au renouvellement partiel, de faire entendre sa voix chaque année, de rectifier ce qui lui déplaît, de réviser son œuvre, pour ainsi dire, ou de la compléter en fortifiant une majorité qu'il approuve, car des élections partielles peuvent suffire à changer l'équilibre d'une Assemblée, la majorité n'étant qu'une question d'appoint. Au contraire, avec des élections générales, les représentants une fois nommés échappent complètement à l'action du peuple. *Quis custodiet custodes?* Sous une République, en effet, il n'y a pas, comme nous l'avons déjà dit, de pouvoir supérieur pour dissoudre une Chambre qui s'égare. Les dernières élections du deux Juillet sont d'ailleurs une preuve évidente de l'influence que peut avoir un renouvellement partiel. Ces élections auront peut-être décidé de l'avenir de la France. Une manifestation légale de l'opinion publique a toujours, en dehors des questions de majorité ou de minorité, une puissance à laquelle une Assemblée ne peut guère résister.

Le système des élections partielles est donc parfaitement démocratique. Il assure annuellement aux électeurs une intervention efficace dans le gouvernement, établit un courant constant d'opinion entre l'Assemblée et le pays et, sans amener d'agitation dangereuse, puisqu'elle ne peut être générale, oblige le corps électoral à se tenir toujours en haleine. Si la représentation nationale doit être l'image du peuple, elle ne saurait mieux faire que d'en copier la nature. Or, un peuple reste toujours identique à lui-même et se renouvelle pourtant constamment : la vieillesse disparaît chaque jour, la jeunesse apparaît. Au reste, puisqu'il s'agit ici de démocratie, rien au monde ne saurait être moins démocratique que de condamner la République à périr en lui refusant tout élément de stabilité, et cette stabilité ne peut s'obtenir que par la permanence de l'Assemblée nationale, c'est-à-dire de la seule grande autorité morale qui soit encore entourée des respects de la France.

Il va sans dire que, dans le cas où la Constitution devrait être réformée, il faudrait en appeler à des élections générales.

VI

Nous devons maintenant nous occuper de la seconde Chambre, que nous avons nommée Conseil national, et de son mode de recrutement. La question a déjà été bien des fois examinée, et l'on est généralement d'accord pour admettre que les Conseils généraux des départements doivent fournir les principaux éléments de cette seconde Chambre, sous la sauvegarde cependant de cette restriction empruntée à la Constitution belge « que les membres des deux Chambres représentent la nation et non la division territoriale qui les a nommés. » Le Conseil général de chaque département aurait à nommer un des membres du Conseil national. Un certain nombre de siéges serait réservé aux représentants du commerce et de l'industrie. La magistrature et le barreau pourraient être aussi représentés ; on a également proposé d'attribuer quelques nominations à l'Institut, comme un hommage rendu à la science et aux travaux de l'esprit. Le nombre des Conseillers nationaux devrait être d'ailleurs assez restreint et ne pas s'élever au-dessus de cent trente ou cent quarante. Le renouvellement du Conseil national serait, comme nous l'avons dit, intégral. Il pourrait avoir lieu tous les quatre ans, ou même tous les trois ans, à la fin de la session des Conseils généraux, qui sont eux-mêmes renouvelés tous les trois ans par moitié. Les membres du Conseil national seraient indéfiniment rééligibles.

Quelques personnes ont proposé d'appliquer aussi à la seconde Chambre le renouvellement partiel. Mais ce mode une fois adopté pour la première Chambre il ne doit pas l'être évidemment pour la seconde. Les Conseils généraux ne se renouvelant d'ailleurs que tous les trois ans, il serait oiseux de faire renommer tous les ans par les mêmes personnes un certain nombre des membres de la seconde Chambre. Le renouvellement partiel ne pourrait donc avoir lieu utilement qu'au bout de trois années. Mais le renouvellement intégral me semble préférable, et voici pourquoi. Le reproche qu'on adresse au système du renouvellement partiel qui a été proposé pour l'Assemblée nationale, c'est de ne pas fournir à l'opinion publique une occasion de se manifester dans toute sa plénitude. Ce reproche est peu fondé. Il est assez rare, en effet, et il est peu désirable que l'opinion publique ait ainsi à manifester tout d'un coup. D'ailleurs, si ce besoin subit de l'opinion venait à se produire en 1872 et que les élections générales, en admettant le système du renouvellement intégral de l'Assemblée, n'eussent lieu qu'en 1875, l'opinion aurait à ronger son frein pendant trois ans. Quant aux grandes et utiles réformes qui sont de temps à autre nécessaires dans un pays, elles sont toujours précédées d'une période de préparation. Le renouvellement partiel leur est donc un auxiliaire utile, en permettant à l'opinion de se manifester progressivement. Le jour où la réforme en question est votée par l'Assemblée, elle a déjà cause gagnée devant le pays sans qu'il y ait eu à livrer une grande bataille électorale. L'accusation portée contre le système du renouvellement partiel de l'Assemblée des représentants a donc, comme nous le disions, peu de fondement. Il vaut mieux néanmoins en tenir compte et donner périodiquement à l'esprit public, grâce au renouvellement intégral de la seconde Chambre, une occasion de se manifester. On pourra avoir ainsi ce qu'on appelle des mouvements d'opinion. La seconde Chambre devant prendre part à l'élection du Président de la République, il n'est pas mauvais non plus qu'elle se présente avec un mandat entièrement renouvelé. L'autorité du nouveau chef de l'Etat n'en sera que mieux établie.

Bien que cela soit en dehors de notre sujet, il est impossible de parler des Conseils généraux sans penser à la nouvelle loi, dite de décentralisation, qui les régit. Le rôle important que je demande pour les Conseils généraux est garant du respect que je porte à cette institution qu'il faudrait se garder d'ébranler, car elle a traversé plusieurs révolutions sans sombrer comme tant d'autres, et s'est profondément enracinée dans nos mœurs. On a très-sagement fait de donner aux Conseils généraux un droit de contrôle sérieux et efficace sur l'administration préfectorale. C'était une nécessité absolue après les abus de l'Empire. Mais le Conseil général était-il le véritable instrument de décentralisation qu'il fallait choisir ? Il est permis d'en douter. Le département, en effet, est une création factice, une division territoriale toute administrative, et il en gardera toujours plus ou moins le caractère. Il ne forme pas une division naturelle. L'établissement des chemins de fer tend à le désagréger. Les communications, en effet, sont pour certaines portions du département plus faciles, plus rapides, moins dispendieuses avec quelque grande ville d'un département limitrophe qu'avec leur propre chef-lieu. On ne va au chef-lieu que pour affaire administrative; il n'est le centre ni des affaires commerciales, ni de la vie sociale du département. Cette vie locale, cette autonomie fragmentaire, la décentralisation, en un mot, que l'on veut rétablir en France, et sans laquelle un pays ne saurait parvenir à se gouverner lui-même, ne s'établit ni par des décrets ni par des lois. Elle ne peut être que le résultat de causes naturelles et spontanées, et ces causes sont les relations habituelles de la vie, ces mille occasions que les hommes ont perpétuellement de se voir et qui leur permettent d'échanger leurs idées. On va dans une boutique acheter du drap, et l'on y cause intérêt local, administration, politique. C'est par ce tissu de relations quotidiennes que se forme, sans qu'on s'en aperçoive, ce qu'on appelle l'esprit public. Or, il n'y a point de relations continues entre les habitants des différentes portions d'un même département; il n'y a donc point dans le département d'esprit commun, d'esprit public. Or, sans esprit local, il ne peut y avoir de vie locale, de tendance commune, de volonté réfléchie, c'est-à-dire aucun de ces caractères qui distinguent les différents groupes d'hommes entre eux : il n'y a point de personnalité collective. Si nos anciennes provinces ont eu leur caractère distinctif, cela tient à ce qu'elles ont vécu pendant des siècles de leur vie particulière. Mais c'est une illusion de croire qu'on pourra faire renaître quoi que ce soit de ce qu'étaient les anciennes provinces de France. On ne fera que remuer des cendres.

Cependant, pour que la décentralisation porte ses fruits, il faut qu'elle s'appuie sur des personnalités locales collectives qui aient leur vie propre et réelle et qui pensent en commun pour pouvoir agir en commun. Quelques personnes songent au canton. Mais, si vous voulez donner quoi que ce soit à faire au canton, vous empièterez sur la vie communale, qui doit être respectée. Le canton, d'ailleurs, n'offre ni en hommes intelligents et capables, ni en étendue, ni en moyens pécuniaires, des ressources suffisantes pour rien entreprendre à lui seul. La meilleure division, et c'est précisément celle que l'on veut détruire, ce serait l'arrondissement. Presque toutes les communes de l'arrondissement se connaissent, sont en relations ou peuvent y être facilement; le chef-lieu d'arrondissement est le centre de presque toutes les affaires locales qui ne peuvent se traiter à la commune. Il y a donc entre les habitants d'un arrondissement des relations naturelles : on se voit, on se connaît, on s'apprécie. L'arrondissement est en général doué d'assez de ressources pour fonder des établissements d'intérêt général, tels que colléges ou écoles professionnelles, œuvres de bienfaisance, instituts agricoles, ou industriels. Le département peut bien le faire aussi, mais les institutions de ce genre qu'il fonde ne servent que pour la partie du département qui les possède. Au lieu donc d'éliminer, comme on parle de le faire, les Conseils d'arrondissement, on eût décentralisé bien davantage et de la manière la plus fructueuse en transportant au Conseil d'arrondissement toutes les attributions qu'il est apte à remplir et qu'il remplirait en parfaite connaissance de cause, mieux que le Conseil général, attributions dont l'énumération serait trop longue pour pouvoir l'aborder ici. Le Conseil général retiendrait toutes les questions qui sont d'intérêt commun pour les divers arrondissements, et l'on pourrait en appeler à lui dans certains cas fixés à l'avance. Les Conseils d'arrondissement se composeraient des conseillers actuels et des conseillers généraux nommés dans les cantons. Si la loi des Conseils généraux était révisée, elle pourrait l'être avantageusement dans ce sens. Revenons maintenant à notre sujet.

Le système de représentation nationale que nous venons d'esquisser, composé d'une Assemblée permanente se renouvelant par cinquième chaque année, et d'une Chambre émanant des Conseils généraux et intégralement renouvelée tous les trois ou quatre ans, établirait un courant constant d'opinions entre les représentants et les représentés. Les élections annuelles d'une part, de l'autre la présence des membres de la seconde Chambre dans les Conseils généraux chaque année, et les relations de ceux-ci, si on les établissait, avec les Conseils d'arrondissement, feraient constamment circuler la vie politique des extrémités au centre et du centre aux extrémités, condition qui seule peut faire que le gouvernement du pays par le pays soit autre chose qu'une apparence.

La dernière question qui nous reste maintenant à examiner, c'est le mode de création du Pouvoir exécutif et les conditions de son existence. Il y a un point qui ne fait doute pour personne aujourd'hui en France, c'est que le Pouvoir exécutif doit être élu par la représentation nationale. Mais pour combien de temps et à quelle époque sera-t-il élu? Doit-il être révocable ou ne l'être pas? ce sont là des points secondaires fort importants qui restent à fixer.

Il y a évidemment un rapport nécessaire entre le temps que doivent durer les fonctions de Président de la République et ce que j'appellerai la rotation électorale. On ne peut donc hésiter pour la durée du pouvoir exécutif qu'entre les deux termes de quatre ou de six années. A la fin de la troisième année, en effet, plus de la moitié de l'Assemblée nationale aura été soumise à la réélection, en admettant, comme nous l'avons supposé, que le renouvellement ait lieu par cinquième tous les ans, et la seconde Chambre aura été intégralement réélue, mais par des électeurs dont la moitié seulement auront été nommés à nouveau, les réélections triennales des Conseils généraux se faisant par moitié. Au bout de six années, au contraire, l'Assemblée nationale aura été tout entière réélue et les conseillers généraux, électeurs de la seconde Chambre, auront également été soumis tous à la réélection. Si le terme de quatre ans était jugé trop court, et il l'est peut-être, en effet, c'est à celui de six ans qu'il faudrait s'arrêter. On ne pourrait évidemment aller au delà, du moins sans procéder à une réélection, car une certaine logique est nécessaire dans les institutions. Or, recevant le pouvoir de l'Assemblée, le Président de la République ne pourrait le conserver en face d'une législature différente de celle qui l'a élu. Si, aux Etats-Unis, le président reste en fonctions quatre ans, quoique la Chambre des représentants soit bisannuelle, c'est que, d'une part, il ne reçoit pas ses pouvoirs de cette Chambre et que, de l'autre, il en est complètement indépendant.

Nous avons dit que l'élection du Président serait remise aux deux Assemblées réunies. L'Assemblée émanant des Conseils généraux étant fort peu nombreuse relativement à l'Assemblée nationale, on pourrait rétablir l'équilibre en accordant un double vote à chacun de ses membres pour l'élection présidentielle. En supposant cette Assemblée, que nous avons nommée Conseil national, composée de cent quarante membres, tandis que l'Assemblée nationale en compterait cinq cents environ, il y aurait deux cent quatre-vingts voix d'une part et cinq cents de l'autre. Si l'on veut que la seconde Assemblée tienne utilement sa place dans l'équilibre gouvernemental, il ne faut pas craindre d'élargir son influence dans de justes limites et de lui donner aux yeux du pays un certain prestige. Quand viendra, au bout de six années, l'échéance de la réélection présidentielle, les élections de la moitié des conseillers généraux dans tous les départements et le renouvellement entier de la seco de Chambre par les Assemblées départementales rénovées éveilleront au plus haut degré, grâce au double vote que je propose, l'attention du pays. Dans la discussion des lois, l'Assemblée directement élue finira toujours évidemment, en cas de conflit, par avoir le dernier mot ; il faut donc accorder une compensation à la seconde Chambre, si l'on ne veut pas qu'elle ait un rôle trop effacé.

Un système différent de constituer le pouvoir exécutif a obtenu une certaine faveur. Il consiste à ne fixer aucune limite à la durée des pouvoirs du Président de la République, sous la condition qu'il soit responsable devant la représentation nationale, c'est-à-dire forcé de se retirer devant un vote défavorable. Mais il y aurait là de graves dangers. Ce serait, en effet, se placer entre ces deux alternatives : ou bien, la responsabilité présidentielle tombant en désuétude, on verrait le Président se perpétuer dans ses fonctions, ce qui amènerait quelque chose comme l'ancien stathoudérat des Hollandais; ou l'on prendrait à la lettre cette responsabilité du Président et alors on serait dans la crainte perpétuelle de voir le pouvoir exécutif s'écrouler et le chef de l'Etat disparaître devant le moindre incident parlementaire. Ce double inconvénient ne peut s'éviter qu'en fixant à l'avance la durée des pouvoirs du Président. Le Président de l'Assemblée nationale serait de droit Vice-Président de la République, afin qu'il ne pût y avoir, en aucun cas, d'interruption dans le fonctionnement du pouvoir exécutif.

La question la plus épineuse à résoudre sera celle de la responsabilité ministérielle. On y attache la plus haute importance, et c'est à juste titre, car sous une monarchie la responsabilité ministérielle est le palladium de la liberté parlementaire. Mais sous une république les situations ne se ressemblent pas. C'est pour résister aux empiètements et aux abus du pouvoir royal qu'a été inventé le système parlementaire. Le pouvoir royal n'existant pas dans une république, il n'y a pas les mêmes précautions à prendre, car au lieu d'un prince qu'imposent les hasards de la naissance, on a un chef d'Etat élu et soumis à des réélections périodiques. En outre, avec une monarchie, la responsabilité ministérielle a cet avantage de permettre de changer le gouvernement, sans, pour ainsi dire, qu'il y paraisse, car les yeux de la nation sont fixés sur le roi qui demeure immuable sur son trône. Avec une république la chose est moins facile. Il y aurait, en effet, comme on l'a dit bien des fois, un danger réel à ce que le chef de l'Etat pût être renversé comme un ministre par un simple vote de la majorité. Mais en imposant une responsabilité solidaire au ministère constitué par le chef de l'Etat, en exigeant de lui qu'il ait un chef de cabinet qui le représente devant l'Assemblée, on ne s'aperçoit pas que c'est précisément l'exposer à ce danger; que c'est, en réalité, le rendre lui-même responsable.

Tout le système de la monarchie constitutionnelle est basé sur cette fiction que le prince est neutre, qu'il n'a pas de politique à lui. Son rôle est de rester impassible et de présider à la lutte des partis. La chute d'un ministère ne l'atteint donc pas ; ni son autorité ni son prestige n'en sont ébranlés. Il en est tout autrement d'un président de république. Il est élu en raison de ses qualités personnelles et de la politique qu'il suit. Le chef de cabinet qu'il se verrait obligé de choisir serait, pour ainsi dire, un autre lui-même, et le ministère entier se trouverait naturellement solidaire de la politique du Président. Renverser en bloc ce ministère et lui substituer un ministère appartenant à la politique opposée, c'est infliger un blâme public au chef de l'Etat; c'est rompre avec sa politique pour se jeter dans la politique contraire; c'est le dépouiller de toute autorité morale à la face du pays; c'est le mettre en demeure de se démettre. Choisi par l'Assemblée en raison de la politique qu'il représente, comment, en effet, pourrait-il rester en fonctions, du moment que cette politique n'est plus celle de l'Assemblée? Conçoit-on un mandataire désavoué par ses commettants, mais qui néanmoins conserve son mandat? Imagine-t-on un gouvernement de whigs présidé par un tory, ou un chef de cabinet auquel la Chambre impose le changement de tous ses collègues, et qui cependant reste lui-même premier ministre ? Or, telle serait, ou à peu près, la situation du Président. Etablir dans une république la responsabilité ministérielle absolue, c'est donc établir *ipso facto*, quoique par un moyen détourné, la responsabilité du chef de l'Etat. L'élection du Président de la République resterait conditionnelle et précaire, et, du moment qu'il pourrait être renversé par des manœuvres parlementaires, les partis ne se feraient pas faute de manœuvrer en conséquence. La première magistrature de l'Etat manquerait ainsi de la stabilité nécessaire.

Il y a encore deux points à considérer : le premier c'est que dans une démocratie la masse des électeurs étant peu éclairée et ne prenant aucun intérêt à des débats parlementaires dont l'écho lointain n'arrive même pas jusqu'à elle, les luttes qui s'engagent autour d'un portefeuille l'étonnent et souvent l'irritent. Ses organes de perception politique sont trop grossiers pour qu'elle comprenne rien aux habiletés et aux savantes manœuvres des partis ; elle voit avec méfiance agiter l'Etat pour des causes qui lui échappent et ne manque pas d'en accuser les compétitions personnelles et les ambitions politiques. Le second point auquel il faut prendre garde, c'est que le Président de la République, quoique nommé par la représentation nationale, sera cependant presque toujours désigné à son choix par l'opinion publique elle-même. Les masses ne s'attachent qu'aux noms qui jouissent d'une grande notoriété. Quand elles ont des favoris, elles n'aiment pas qu'on les leur ravisse. Car il ne faut pas oublier que si dans une monarchie constitutionnelle tout le système politique pivote sur cette idée que les représentants de la nation sont ses protecteurs et la liberté parlementaire son unique sauvegarde contre les abus possibles et les empiètements du pouvoir royal, la république est basée au contraire sur l'idée d'une influence plus immédiate du peuple dans les affaires de la communauté. Dans une république, en effet, les représentants ne représentent pas seulement le peuple, ils le gouvernent ; or le peuple ne se fera pas faute de manifester ses préférences sur la manière dont il entend être gouverné. Renverser un chef populaire pourrait donc être de la part du Parlement une tentative trop hardie, devant laquelle il reculerait. Une dernière raison enfin qu'il faut peser, c'est que l'équilibre ministériel sera toujours difficile à maintenir avec une assemblée qui se scinde en différents partis. Dans les pays où la responsabilité ministérielle fonctionne à souhait il n'y a que deux grands partis qui se divisent l'opinion. En France, malheureusement, il n'en est pas ainsi, et l'on ne peut espérer de changement avant un certain temps. Tant qu'il y aura plusieurs partis dans le pays, il y aura aussi, si les élections sont libres et sincères, plusieurs partis dans l'Assemblée. Le cabinet sera donc nécessairement tiraillé en sens divers et ne s'appuiera que sur une majorité flottante. Nous l'avons déjà dit, et nous tenons à insister sur cette idée, c'est sur les partis qui existent dans un pays qu'il faut se régler, quand on veut rechercher les institutions qui lui conviennent. On peut désarmer et soumettre les partis par la force ; on ne leur persuadera pas qu'ils aient du jour au lendemain à changer de nature. Devant la multiplicité des partis, la responsabilité ministérielle, avec toutes ses conséquences, sera toujours d'un fonctionnement difficile.

On pourra bien, il est vrai, l'inscrire dans la Constitution, mais elle y restera le plus souvent à l'état de lettre morte Si elle peut servir à imposer certains tempéraments à la politique présidentielle, il est impossible cependant qu'il y ait un changement radical dans la politique du gouvernement sans que ce changement n'entraîne la chute ou la complète déconsidération du Président de la République. Au reste, la question paraît jugée quand on a vu tant d'agitations parlementaires n'amener à Versailles aucun résultat, mais, au contraire, la majorité consolider le pouvoir exécutif à mesure qu'elle se désaffectionnait de lui. Nous devons profiter de l'expérience des autres peuples ; nulle part la responsabilité ministérielle n'existe sans le droit de dissolution. Or, il ne faut pas s'y tromper, ce droit n'appartient pas à la couronne, il appartient de fait au ministère, car l'ordonnance qui dissout la Chambre doit être signée par les ministres responsables, et ces ministres n'ont reçu leur pouvoir que de l'acquiescement de la majorité parlementaire. L'esprit de la monarchie constitutionnelle, le véritable parlementarisme, admet donc que les ministres, représentants de la majorité, puissent cependant se retourner contre elle et la frapper. C'est que le pouvoir exécutif, qu'il est possible de régler, dans une Constitution, par des théories abstraites, est soumis dès qu'il entre dans l'ordre concret des choses, c'est-à-dire dès qu'il fonctionne, à certaines nécessités d'existence, et ne saurait vivre hors des conditions qui sont les lois spéciales de sa nature. Des ministres responsables peuvent-ils, par exemple, gouverner si l'Assemblée est hors d'état de former une majorité, ou doivent-ils céder à la majorité s'ils ont la conscience que cette majorité ne représente pas ou a cessé de représenter le pays? Quand on demande à Versailles l'application pleine et entière du système constitutionnel et parlementaire, on ne réfléchit pas que, dans l'esprit de ce système, un conflit entre les deux pouvoirs pourrait amener la dissolution de l'Assemblée, et que si le chef actuel de l'Etat était un chef de cabinet, le souverain des mains duquel il aurait reçu son portefeuille se résignerait difficilement à abandonner celui qui a pacifié la France, vaincu la Commune et réussi à trouver des milliards. Il n'y a pas de souverain dans une république, mais les priviléges de la couronne n'y reviennent-ils pas à celle dont Pascal a dit qu'elle était « comme la reine du monde? »

La responsabilité ministérielle complète aurait peut-être d'ailleurs un résultat inattendu, celui d'entraver la liberté parlementaire. La crainte de faire tomber le chef de l'Etat ou de l'ébranler pourrait souvent arrêter plus d'un vote, car c'est une vérité générale que toute sanction trop forte devient nulle. On n'oserait frapper le premier ministre et avec lui le cabinet tout entier, de peur d'atteindre le Président de la République lui-même; on sacrifierait telle ou telle loi pour ne pas troubler l'Etat. La responsabilité ministérielle risquerait ainsi d'être illusoire. Cependant, la juste aversion que nous avons en France, après nos malheurs, pour tout gouvernement personnel ne nous permet pas de laisser au pouvoir exécutif l'indépendance dont il jouit aux Etats-Unis. Il faudrait donc trouver un terme moyen, un compromis. Ce serait peut-être de n'inscrire dans la Constitution que la responsabilité personnelle des ministres. L'Assemblée aurait par là un moyen suffisamment efficace de contrôler les actes du pouvoir, d'influer sur la politique présidentielle, de tenir le gouvernement en bride et de le modifier à sa guise, sans cependant qu'il y parût trop, ni que le pays s'émût de revirements soudains. On éviterait les crises parlementaires toujours fâcheuses; on tirerait à soi le gouvernement par les pieds, non par la tête.

Malgré cette restriction, l'influence parlementaire aurait encore un champ d'action qui serait au moins aussi vaste que dans une monarchie constitutionnelle. L'élection directe et périodique du chef de l'Etat, la responsabilité individuelle des ministres, c'est-à-dire le droit de contrôler constamment chacun de leurs actes, remplacent avantageusement, en effet, la possibilité de renverser un cabinet solidaire. Il n'y aurait ni *veto* suspensif, comme aux Etats-Unis, ni droit de dissolution, comme en Angleterre et en Belgique. La liberté de l'Assemblée, en tant que pouvoir législatif, serait plus grande, ainsi que nous l'avons déjà expliqué. Les ministres ne seraient réellement responsables que devant elle, suivant l'usage anglais, et ne le seraient pas devant la seconde Chambre au Conseil national, ce qui donnerait à l'Assemblée nationale, en cas de conflit, la certitude d'avoir le dessus. Elle aurait donc, à tous les points de vue, un rôle prépondérant. Que si l'on voulait encore mieux établir la suprématie parlementaire et se mettre en garde contre des abus et des empiètements possibles du pouvoir exécutif, il n'y aurait qu'à établir une clause dans la Constitution, stipulant que le Président de la République peut être révoqué de ses fonctions, si sa révocation est demandée par les Chambres réunies, à la majorité des deux tiers des voix. Ce serait un pendant à l'*impeachment act* des Etats-Unis, ressource dont on n'use que dans les cas extrêmes. Les différents rouages du gouvernement se trouveraient ainsi suffisamment enchevêtrés les uns dans les autres pour que tout le système pût fonctioner avec ensemble et régularité. Il y aurait séparation des pouvoirs, mais en même temps équilibre. Les deux Chambres se contrôleraient réciproquement et le pouvoir exécutif pourrait s'appuyer sur l'une et sur l'autre tour à tour. Attaqués par la seconde Chambre, les ministres seraient inébranlables avec l'appui de l'Assemblée nationale ; menacé par l'Assemblée nationale, le chef de l'Etat pourrait s'appuyer sur la seconde Chambre.

Telles pourraient être en France, autant qu'une ébauche imparfaite permet d'en donner l'idée, la constitution d'une République conservatrice et libérale, mais qui ouvrirait en même temps un vaste champ d'action à toutes les forces vives du pays. Les règles constitutionnelles y ont été, autant qu'on l'a pu, fidèlement observées. La masse électorale, source de l'autorité, a ses droits suffisamment garantis. Tous les pouvoirs en émanent, et le suffrage électoral exerce sur ces pouvoirs qu'il a créés un contrôle suffisant. Par le renouvellement partiel, il intervient chaque année dans la composition de l'Assemblée nationale, a l'occasion de manifester par là, aussi fréquemment qu'il est possible, sa volonté ou ses tendances et peut, dans l'espace de trois années, renouveler plus de la moitié de cette Assemblée. Au bout de trois ans est également renouvelée la moitié des Conseils généraux, qui ont alors à renommer intégralement la seconde Chambre de la législature. Il y a donc une élaboration constante de la volonté nationale. Le fractionnement de la souveraineté gouvernementale et la division des pouvoirs sont soigneusement ménagés ; ils se surveillent mutuellement d'une façon suffisante et le pouvoir exécutif, tout en restant soumis au contrôle le plus efficace et le plus sérieux, n'est cependant pas à la merci d'une Chambre. Ce système devrait être nécessairement complété par l'excellente institution des Etats-Unis, qui permet à tout citoyen d'en appeler en matière politique au pouvoir judiciaire.

Sous les auspices d'institutions semblables, peut-être verrait-on s'établir en France un gouvernement stable et libre, en même temps que disparaîtrait cette plaie des révolutions périodiques. On aurait la République, mais sans en faire un gouvernement de parti. Ce serait la République de la majorité des Français, un gouvernement ouvert à tous, un reflet continuel de la nation. Tel serait le pays, tel serait le gouvernement. La France, que l'on a trop flattée, est aujourd'hui calomniée, et elle-même se calomnie. On l'a menée à l'abîme en lui mettant un bandeau sur les yeux, et les plus cruelles insultes lui viennent de ceux qui ont le plus contribué à la perdre. Il semblerait que de tous côtés on l'outrage, afin de lui ôter le courage de se relever et dans l'espoir de l'asservir encore. Le grand danger est actuellement dans la lutte des partis. Qu'ils consentent du moins à lutter sur un terrain légal, et sous cette forme de gouvernement national et impersonnel qui est l'abstraction de la patrie.

Marquis de NOAILLES.

24 Décembre 1871.

Bayonne. — Imprimerie Lamaignère, rue Chegaray, 39.

www.ingramcontent.com/pod-product-compliance
Lightning Source LLC
LaVergne TN
LVHW021714230826
846091LV00006BA/2178

* 9 7 8 2 0 1 1 7 6 3 3 4 1 *